CONGREGAÇÃO PARA A DOUTRINA DA FÉ

CARTA
IUVENESCIT ECCLESIA

**SOBRE A RELAÇÃO ENTRE
DONS HIERÁRQUICOS E CARISMÁTICOS
PARA A VIDA E MISSÃO DA IGREJA**

© 2016 – Libreria Editrice Vaticana

Título original: *Lettera Iuvenescit Ecclesia ai Vescovi della Chiesa cattolica sulla relazione tra doni gerarchici e carismatici per la vita e la missione della Chiesa*

Direção-geral: *Bernadete Boff*
Editora responsável: *Maria Goretti de Oliveira*

1ª edição – 2016

Nenhuma parte desta obra poderá ser reproduzida ou transmitida por qualquer forma e/ou quaisquer meios (eletrônico ou mecânico, incluindo fotocópia e gravação) ou arquivada em qualquer sistema ou banco de dados sem permissão escrita da Editora. Direitos reservados.

Paulinas

Rua Dona Inácia Uchoa, 62
04110-020 – São Paulo – SP (Brasil)
Tel.: (11) 2125-3500
http://www.paulinas.org.br – editora@paulinas.com.br
Telemarketing e SAC: 0800-7010081

© Pia Sociedade Filhas de São Paulo – São Paulo, 2016

SIGLAS

AA   *Apostolicam Actuositatem*, Decreto sobre o apostolado dos leigos, Concílio Vaticano II

AAS   *Acta Apostolicae Sedis*

CCEO   *Codex Canonum Ecclesiarum Orientalium*, Código dos Cânones das Igrejas Orientais

CD   *Christus Dominus*, Decreto sobre o múnus pastoral dos Bispos na Igreja, Concílio Vaticano II

CfL   *Christifideles Laici*, Exortação Apostólica pós-sinodal sobre a vocação e a missão dos leigos na Igreja e no mundo, João Paulo II

CIC   *Codex Iuris Canonici*, Código de Direito Canônico

CIgC   Catecismo da Igreja Católica

DV   *Dei Verbum*, Constituição Dogmática sobre a Divina Revelação, Concílio Vaticano II

EG   *Evangelii Gaudium*, Exortação Apostólica sobre o anúncio do Evangelho no mundo atual, Papa Francisco

EN   *Evangelii Nuntiandi*, Exortação Apostólica sobre a Evangelização, Paulo VI

FC   *Familiaris Consortio*, Exortação Apostólica sobre a função da família cristã no mundo de hoje, João Paulo II

GS   *Gaudium et Spes*, Constituição Pastoral sobre a Igreja no mundo atual, Concílio Vaticano II

LG	*Lumen Gentium*, Constituição Dogmática sobre a Igreja, Concílio Vaticano II
MCo	*Mystici Corporis Christi*, Carta Encíclica sobre o corpo místico de Jesus Cristo e nossa união nele com Cristo, Pio XII
PC	*Perfectae Caritatis*, Decreto sobre a conveniente renovação da vida religiosa, Concílio Vaticano II
PDV	*Pastores Dabo Vobis*, Exortação Apostólica pós-sinodal sobre a formação dos sacerdotes nas circunstâncias atuais, João Paulo II
PG	*Pastores Gregis*, Exortação Apostólica pós-sinodal sobre o Bispo, servidor do Evangelho de Jesus Cristo para a esperança do mundo, João Paulo II
PO	*Presbyterorum Ordinis*, Decreto sobre o ministério e a vida dos sacerdotes, Concílio Vaticano II
SCa	*Sacramentum Caritatis*, Exortação Apostólica pós-sinodal sobre a Eucaristia, fonte e ápice da vida e da missão da Igreja, Bento XVI
SCoe	*Sacerdotalis Caelibatus*, Carta Encíclica sobre o celibato sacerdotal, Paulo VI
UR	*Unitatis Redintegratio*, Decreto sobre o ecumenismo, Concílio Vaticano II
VC	*Vita Consecrata*, Exortação Apostólica pós-sinodal sobre a vida consagrada e a sua missão na Igreja e no mundo, João Paulo II
VD	*Verbum Domini*, Exortação Apostólica pós-sinodal sobre a Palavra de Deus na vida e na missão da Igreja, Bento XVI

INTRODUÇÃO

Os dons do Espírito Santo na Igreja em missão

1. A Igreja rejuvenesce com a força do Evangelho, e o Espírito Santo renova-a continuamente, edificando-a e guiando-a "com diversos dons hierárquicos e carismáticos".[1] O Concílio Vaticano II pôs repetidamente em relevo a obra maravilhosa do Espírito Santo que santifica o povo de Deus, guia-o, adorna-o de virtudes e enriquece-o de graças especiais em vista da sua edificação. A ação do divino Paráclito na Igreja é multiforme, como gostam de evidenciar os padres. Escreve João Crisóstomo: "Quais são as graças que operam a nossa salvação que não nos são concedidas pelo Espírito Santo? Por seu intermédio, somos libertos da escravidão e chamados à liberdade, somos conduzidos à adoção filial e, por assim dizer, formados de novo, após ter deposto o pesado e odioso fardo dos nossos pecados. Pelo Espírito Santo, vemos assembleias de sacerdotes e possuímos multidões de doutores; desta nascente brotam dons de revelação, graças de cura e todos os outros carismas que adornam a Igreja de Deus".[2] Graças à mesma vida da Igreja, às numerosas intervenções do Magistério e à investigação teológica, felizmente cresceu a consciência da

---

[1] LG, n. 4.
[2] JOÃO CRISÓSTOMO, *Homilia de Pentecostes*, II, 1: PG 50, 464.

multiforme ação do Espírito Santo na Igreja, despertando assim uma atenção particular aos dons carismáticos, dos quais, em todo o tempo, o povo de Deus se enriqueceu para o desenvolvimento da sua missão.

A tarefa de comunicar eficazmente o Evangelho torna-se particularmente urgente no nosso tempo. O Papa Francisco, na Exortação Apostólica *Evangelii Gaudium*, recorda que "se alguma coisa nos deve santamente inquietar e preocupar a nossa consciência é que haja tantos irmãos nossos que vivem sem a força, a luz e a consolação da amizade com Jesus Cristo, sem uma comunidade de fé que os acolha, sem um horizonte de sentido e de vida".[3] O convite a ser Igreja "em saída" leva a reler toda a vida cristã em chave missionária.[4] A tarefa de evangelizar diz respeito a todos os âmbitos da Igreja: a pastoral ordinária, o anúncio àqueles que abandonaram a fé cristã e particularmente àqueles que ainda não foram alcançados pelo Evangelho de Jesus ou que sempre o recusaram.[5] Neste trabalho imprescindível de nova evangelização é mais do que necessário reconhecer e valorizar os numerosos carismas capazes de despertar e alimentar a vida de fé do povo de Deus.

As multiformes agregações eclesiais

2. Tanto antes como depois do Concílio Vaticano II, surgiram numerosas agregações eclesiais que constituem

---

[3] EG, n. 49: AAS 105 (2013), 1040.
[4] Ibidem, n. 20-24: AAS 105 (2013), 1028-1029.
[5] Ibidem, n. 14: AAS 105 (2013), 1025.

uma grande fonte de renovação para a Igreja e para a urgente "conversão pastoral e missionária"[6] de toda a vida eclesial. Ao valor e à riqueza de todas as realidades associativas tradicionais, caracterizadas por propósitos particulares, bem como dos institutos de vida consagrada e sociedades de vida apostólica, juntam-se aquelas realidades mais recentes que podem ser descritas como associações de fiéis, movimentos eclesiais e novas comunidades, sobre as quais se detém o presente documento. Estas não podem ser entendidas simplesmente como um associar-se voluntário de pessoas que desejam alcançar um objetivo particular de caráter religioso ou social. O caráter de "movimento" distingue-os dentro do panorama eclesial enquanto realidades fortemente dinâmicas, capazes de suscitar particular atração pelo Evangelho e de sugerir uma proposta de vida cristã tendencialmente global que abarca todos os aspectos da existência humana. A associação de fiéis com uma forte partilha de vida, com a intenção de incrementar a vida de fé, esperança e caridade, exprime bem a dinâmica eclesial como mistério de comunhão para a missão e manifesta-se como um sinal de unidade da Igreja em Cristo. Neste sentido, estas associações eclesiais, com origem em um carisma partilhado, tendem a ter como propósito "o fim apostólico geral da Igreja".[7] Nesta perspetiva, associações de fiéis, movimentos eclesiais e novas comunidades propõem formas renovadas de seguimento de Cristo, de modo a aprofundar a *communio cum Deo e a communio fidelium*, levando

---

[6] Ibidem, n. 25: AAS 105 (2013), 1030.
[7] AA, n. 19.

a novos contextos sociais o fascínio do encontro com o Senhor Jesus e a beleza da existência cristã vivida na sua integralidade. Nestas realidades, exprime-se também uma peculiar forma de missão e de testemunho, com o objetivo de favorecer e desenvolver, quer uma consciência viva da própria vocação cristã, quer itinerários estáveis de formação cristã, quer ainda percursos de perfeição evangélica. Podem participar nestas realidades agregativas, de acordo com os diversos carismas, fiéis de estados de vida distintos (leigos, ministros ordenados e pessoas consagradas), manifestando desta forma a pluriforme riqueza da comunhão eclesial. A forte capacidade agregativa destas realidades representa um testemunho significativo de como a Igreja não cresce "por proselitismo mas 'por atração'".[8]

João Paulo II, dirigindo-se aos representantes dos movimentos e das novas comunidades, fez questão de reconhecer neles uma "resposta providencial",[9] suscitada pelo Espírito Santo, perante a necessidade de comunicar de modo persuasivo o Evangelho por todo o mundo, tendo em consideração os grandes processos de transformação existentes em nível planetário, marcados frequentemente por uma cultura fortemente secularizada. Tal fermento do Espírito "trouxe à vida da Igreja uma novidade inesperada,

---

[8] EG, n. 14: AAS 105 (2013), 1026; cf. BENTO XVI, Homilia na Eucaristia de inauguração da V Conferência Geral do Episcopado Latino-Americano e do Caribe no Santuário da "Aparecida" (13 de maio de 2007): AAS 99 (2007), 43.

[9] JOÃO PAULO II, Discurso aos membros dos movimentos eclesiais e às novas comunidades na vigília de Pentecostes (30 de maio de 1998), n. 7: *Insegnamenti di Giovanni Paolo II*, XXI,1 (1998), 1123.

e por vezes até explosiva".[10] O mesmo Pontífice recordou que se abre a todas estas agregações eclesiais o tempo da "maturidade eclesial", o qual implica a sua plena valorização e inserção "nas Igrejas locais e nas paróquias, sempre permanecendo em comunhão com os pastores e atentos às suas indicações".[11] Estas novas realidades, por cuja existência o coração da Igreja se enche de alegria e gratidão, são chamadas a relacionar-se de forma positiva com todos os outros dons presentes na vida eclesial.

Objetivo do presente documento

3. A Congregação para a Doutrina da Fé, com o presente documento, deseja referir-se, à luz da relação entre dons hierárquicos e carismáticos, aos elementos teológicos e eclesiológicos cuja compreensão possa favorecer uma fecunda e ordenada participação das novas agregações na comunhão e missão da Igreja. Com este objetivo, serão primeiramente apresentados alguns elementos-chave, quer da doutrina sobre os carismas presente no Novo Testamento, quer da reflexão do Magistério sobre estas novas realidades. Em seguida, partindo de alguns princípios de ordem teológico-sistemática, serão oferecidos elementos identitários dos dons hierárquicos e carismáticos juntamente com alguns critérios para o discernimento das novas agregações eclesiais.

---

[10] Ibidem, 6: *Insegnamenti di Giovanni Paolo II*, XXI,1 (1998), 1122.
[11] Ibidem, 8: *Insegnamenti di Giovanni Paolo II*, XXI,1 (1998), 1124.

Capítulo I

OS CARISMAS SEGUNDO O NOVO TESTAMENTO

Graça e carisma

4. "Carisma" é a transcrição da palavra grega *chárisma*, cujo uso é frequente nas cartas paulinas e aparece também na Primeira Carta de Pedro. Tem o sentido genérico de "dom generoso" e, no Novo Testamento, é usado somente em relação a dons divinos. Em algumas passagens, o contexto confere-lhe um sentido mais específico (Rm 12,6; 1Cor 12,4.31; 1Pd 4,10), cujo traço fundamental é a distribuição diferenciada de dons.[1] Esse é também o significado preponderante nas línguas modernas da palavra derivada deste vocábulo grego. Um carisma não é um dom distribuído por todos (1Cor 12,30), diferentemente das graças fundamentais, como seja a graça santificante ou os dons da fé, da esperança e da caridade, que são indispensáveis a todo cristão. Os carismas são dons particulares que o Espírito Santo distribui "a cada um conforme quer" (1Cor 12,11). Para explicitar a necessária presença dos diversos carismas na Igreja, os dois textos mais explícitos (Rm 12,4-8; 1Cor 12,12-30) utilizam

---

[1] "Há diversidade de *charísmata*" (1Cor 12,4); "temos *charísmata* que são diferentes" (Rm 12,6); "cada um recebe de Deus o seu próprio *chárisma*, um de uma maneira, outro de outra" (1Cor 7,7).

a comparação do corpo humano: "Como, num só corpo, temos muitos membros, cada qual com uma função diferente, assim nós, embora muitos, somos em Cristo um só corpo e, cada um de nós, membros uns dos outros. Temos dons diferentes, segundo a graça que nos foi dada" (Rm 12,4-6). A diversidade entre os membros do corpo não é uma anomalia a evitar. Pelo contrário, é uma necessidade benéfica que torna possível o cumprimento das diversas funções vitais. "Se houvesse apenas um membro, onde estaria o corpo? Mas, de fato, há muitos membros e, no entanto, um só corpo" (1Cor 12,19-20). Paulo, em Romanos 12,6, e Pedro, em 1Pedro 4,10,[2] atestam uma estreita relação entre os carismas particulares (*charísmata*) e a graça (*cháris*) de Deus. Os carismas são reconhecidos como uma manifestação da "multiforme graça de Deus". Não se trata, portanto, de meras capacidades humanas. A sua origem divina expressa-se de diversas formas: de acordo com alguns textos, eles provêm de Deus (Rm 12,3; 1Cor 12,28; 2Tm 1,6; 1Pd 4,10); segundo Efésios 4,7, provêm de Cristo; segundo 1Coríntios 12,4-11, do Espírito. Uma vez que esta última passagem é a mais insistente (nomeia sete vezes o Espírito), os carismas são habitualmente apresentados como "manifestação do Espírito" (1Cor 12,7). É claro, no entanto, que esta atribuição não é exclusiva nem contradiz as duas precedentes. Os dons de Deus implicam sempre todo o horizonte trinitário, como sempre foi afirmado pela teologia desde os seus inícios, tanto no Ocidente como no Oriente.[3]

---

[2] Em grego as duas palavras (*chárisma* e *cháris*) têm origem na mesma raiz.
[3] ORÍGENES, *De principiis*, I, 3, 7; PG 11, 153: "aquilo que é chamado dom do Espírito é transmitido por obra do Filho e feito por obra do Pai".

Dons dispensados *ad utilitatem* e o primado da caridade

5. Em 1Coríntios 12,7, Paulo declara que "a cada um é dada a manifestação do Espírito, em vista do bem de todos". Muitos tradutores acrescentam: "para proveito comum", porque a maioria dos carismas mencionados pelo apóstolo, ainda que nem todos, tem diretamente um proveito comum. Esta finalidade à edificação de todos foi bem compreendida, por exemplo, por Basílio Magno, quando diz: "Cada um recebe estes dons mais para os outros que para si mesmo (...). Na vida comum é necessário que a força do Espírito Santo dada a um seja transmitida a todos. Quem vive para si próprio, talvez possa ter um carisma, mas torna-o inútil ao conservá-lo inativo, porque o enterrou dentro de si mesmo".[4] De qualquer modo, Paulo não exclui que um carisma possa ser útil somente à pessoa que o recebeu. Tal é o exemplo do falar em línguas, diferente neste caso do dom da profecia.[5] Os carismas que têm uma utilidade comum, sejam carismas de palavra (de sabedoria, de conhecimento, de profecia, de exortação) ou de ação (de autoridade, de ministério, de governo), têm também uma utilidade pessoal, uma vez que o seu exercício em prol do

---

[4] BASÍLIO DE CESAREIA, *Regulae fusius Tractae*, 7, 2: PG 31, 933-934.
[5] "Aquele que fala em línguas edifica a si mesmo, porém, o que profetiza, edifica a Igreja" (1Cor 14,4). O apóstolo não despreza o dom da glossolalia, carisma de oração útil para a relação pessoal com Deus, e reconhece-o como um autêntico carisma, ainda que sem uma utilidade comum direta: "Graças a Deus, falo em línguas, mais que todos vós; mas, numa reunião de igreja prefiro dizer cinco palavras com minha mente, para assim instruir também os outros, a dizer dez mil palavras em línguas" (1Cor 14,18-19).

bem comum favorece o progresso na caridade em quem os possui. A este propósito, Paulo observa que, se não houver caridade, nem os carismas mais elevados são úteis à pessoa que os recebe (1Cor 13,1-3). Uma passagem severa do Evangelho de Mateus (Mt 7,22-23) exprime a mesma realidade: o exercício de carismas vistosos (profecias, exorcismos, milagres), infelizmente, pode coexistir com a ausência de uma relação autêntica com o Salvador. Por conseguinte, tanto Pedro como Paulo insistem na necessidade de orientar todos os carismas para a caridade. Pedro oferece uma regra geral: "Como bons administradores da multiforme graça de Deus, cada um coloque à disposição dos outros o dom que recebeu" (1Pd 4,10). Paulo preocupa-se particularmente com o uso dos carismas nos encontros da comunidade cristã e afirma: "que tudo se faça em vista da edificação" (1Cor 14,26).

A variedade dos carismas

6. Em alguns textos encontramos um elenco de carismas, umas vezes de forma sumária (1Pd 4,10), outras vezes de forma mais detalhada (1Cor 12,8-10.28-30; Rm 12,6-8). Dentre os elencados, estão dons excepcionais (de cura, de obras de autoridade, de variedade de línguas) e dons ordinários (de ensino, de serviço, de beneficência), ministérios para a condução das comunidades (Ef 4,11) e dons concedidos por meio da imposição das mãos (1Tm 4,14; 2Tm 1,6). Nem sempre fica claro que todos estes dons são considerados "carismas" propriamente ditos. Os dons excepcionais, mencionados repetidamente em 1Coríntios 12–14, de fato, desaparecem dos textos posteriores; o elenco de Romanos 12,6-8 apresenta somente carismas menos vistosos que possuem uma utilidade constante para a vida da comunidade cristã. Nenhum desses elencos pretende ser exaustivo. Em outro local, por exemplo, Paulo sugere que a opção pelo celibato por amor de Cristo seja vista como fruto de um carisma, tal como a opção pelo matrimônio (1Cor 7,7, no contexto de todo o capítulo). Ambas são exemplos que dependem do grau de desenvolvimento atingido pela Igreja daquela época e que, por isso, são susceptíveis a acréscimos posteriores. A Igreja, de fato, cresce sempre no tempo graças à ação vivificante do Espírito.

O bom exercício dos carismas na comunidade eclesial

7. De tudo o que foi observado, torna-se evidente que não existe nos textos escriturísticos uma oposição entre os vários carismas, mas antes harmoniosa conexão e complementaridade. A antítese entre uma Igreja institucional de tipo judeu-cristão e uma Igreja carismática de tipo paulino, afirmada por algumas interpretações eclesiológicas redutoras, na verdade não encontra um fundamento adequado nos textos do Novo Testamento. Longe de colocar os carismas de um lado e as realidades institucionais do outro, ou de opor uma Igreja "da caridade" a uma Igreja "da instituição", Paulo recolhe em um único elenco os que possuem carismas de autoridade e ensino, carismas que são úteis à vida ordinária da comunidade e carismas mais clamorosos.[6] O mesmo Paulo descreve o seu ministério

---

[6] 1Cor 12,28: "Assim, na Igreja, Deus estabeleceu, primeiro, os apóstolos; segundo, os profetas; terceiro, os que ensinam; depois, dons diversos: milagres, cura, beneficência, administração, diversidade de línguas".

de apóstolo como "ministério do Espírito" (2Cor 3,8). Ele sente-se investido de autoridade (*exousía*) dada pelo Senhor (2Cor 10,8; 13,10), uma autoridade que se alarga inclusive aos confrontos com os carismáticos. Tanto ele como Pedro dão instruções aos carismáticos sobre o modo como exercer os carismas. A sua atitude é acima de tudo de acolhimento favorável; estão convictos da origem divina dos carismas; no entanto, não os consideram como dons que permitam a dispensa de obediência à hierarquia eclesial ou confiram o direito a um ministério autônomo. Paulo tem consciência dos inconvenientes que um exercício desordenado dos carismas pode provocar na comunidade cristã.[7] Por isso, o apóstolo intervém com autoridade para estabelecer regras precisas sobre o exercício dos carismas "na Igreja" (1Cor 14,19.28), ou seja, nos encontros da comunidade (1Cor 14,23.26). Por exemplo, ele limita o uso da glossolalia.[8] Regras semelhantes são apresentadas também para o dom da profecia (1Cor 14,29-31).[9]

---

[7] Nos encontros comunitários, a superabundância das manifestações carismáticas pode criar mal-estar, produzindo uma atmosfera de rivalidade, desordem e confusão. Os cristãos menos dotados correm o risco de se sentirem inferiorizados (1Cor 12,15-16); pelo seu lado, os grandes carismáticos são tentados a assumir uma atitude de soberba e desprezo (1Cor 12,21).

[8] Se na assembleia não se encontra ninguém para interpretar as palavras misteriosas de quem fala em línguas, Paulo acrescenta que estes devem se calar. Se existe um intérprete, o apóstolo consente que dois, no máximo três, falem em línguas (1Cor 14,27-28). N.T.: Glossolalia: suposta capacidade de falar línguas desconhecidas quando em transe religioso (como no milagre do dia de Pentecostes) – fonte: *Dicionário Houaiss Eletrônico*.

[9] Paulo não aceita a ideia de uma inspiração profética incontrolável; pelo contrário, ele afirma que "os espíritos dos profetas estão sob o controle dos profetas, pois Deus não é Deus de desordem, mas de paz" (1Cor 14,32-33).

Dons hierárquicos e carismáticos

8. Em síntese, partindo de uma análise dos textos bíblicos sobre os carismas, fica claro que o Novo Testamento, ainda que não oferecendo uma doutrina sistemática completa, apresenta afirmações de grande importância que orientam a reflexão e a práxis eclesial. Deve-se ainda reconhecer que o termo "carisma" não é aí usado de forma unívoca; é, pelo contrário, importante constatar uma variedade de significados que a reflexão teológica e o Magistério ajudam a compreender no âmbito de uma visão complexiva do mistério da Igreja. No presente documento, a atenção é colocada sobre o binômio posto em destaque no n. 4 da Constituição Dogmática *Lumen Gentium*, onde se fala de "dons hierárquicos e carismáticos" e das suas estreitas e articuladas conexões. Eles têm a mesma origem e o mesmo propósito. São dons de Deus, do Espírito Santo, de Cristo, dados com a finalidade de contribuir, de formas diversas, para a edificação da Igreja. Quem recebeu o dom de governar na Igreja tem também a missão de vigiar sobre o bom exercício dos outros carismas, de modo que tudo concorra para o bem da Igreja e para a sua missão evangelizadora, sabendo que é o Espírito Santo, que distribui os dons carismáticos a cada um, da forma que lhe apraz (1Cor 12,11). O mesmo Espírito dá à hierarquia da Igreja a capacidade de discernir os carismas autênticos, de acolhê-los com

---

Ele afirma que "se alguém se considera profeta ou julga ter o dom do Espírito, reconheça no que vos escrevo um mandamento do Senhor; mas se alguém o ignora, também será ignorado" (1Cor 14,37-38). No entanto, conclui de forma positiva, convidando a aspirar à profecia e a não impedir que se fale em línguas (1Cor 14,39).

alegria e gratidão, de promovê-los com generosidade e de acompanhá-los com paternidade vigilante. A própria história testemunha a multiforme ação do Espírito, mediante a qual a Igreja, edificada "sobre o alicerce dos apóstolos e dos profetas, tendo como pedra angular o próprio Cristo Jesus" (Ef 2,20), vive a sua missão no mundo.

Capítulo II

A RELAÇÃO ENTRE DONS HIERÁRQUICOS E CARISMÁTICOS NO MAGISTÉRIO RECENTE

O Concílio Vaticano II

9. O aparecimento dos diferentes carismas nunca deixou de se fazer sentir ao longo da secular história da Igreja e, no entanto, somente nos tempos mais recentes é que se desenvolveu uma reflexão sistemática sobre eles. A este respeito, é dado um espaço significativo à doutrina dos carismas no magistério expresso por Pio XII na Carta Encíclica *Mystici Corporis Christi*,[1] enquanto os ensinamentos do Vaticano II avançam com um passo significativo para uma compreensão adequada sobre a relação entre os dons hierárquicos e carismáticos. As passagens relevantes a este respeito,[2] além de fazerem referência à Palavra de Deus, escrita e transmitida, aos sacramentos e ao ministério hierárquico ordenado na vida da Igreja, referem também a presença de dons, de graças especiais ou

---

[1] MCo: AAS 35 (1943), 206-230.
[2] LG, n. 4, 7, 11, 12, 25, 30, 50; DV, n. 8; AA, n. 3, 4, 30; PO, n. 4, 9.

carismas, derramados pelo Espírito entre os fiéis de todas as condições. A passagem emblemática a este respeito nos é oferecida pela *Lumen Gentium*: "O Espírito (...) conduz [a Igreja] à verdade total (Jo 16,13) e unifica na comunhão e no ministério, enriquece-a ele e guia-a com diversos dons hierárquicos e carismáticos e adorna-a com os seus frutos (Ef 4,11-12; 1Cor 12,4; Gl 5,22)".[3] Desta forma, a Constituição Dogmática *Lumen Gentium*, ao apresentar os dons do mesmo Espírito, sublinha, mediante a distinção entre dons hierárquicos e dons carismáticos, a sua diferença na unidade. São também significativas as afirmações feitas pela *Lumen Gentium* n. 12 sobre a realidade carismática no contexto da participação do povo de Deus na missão profética de Cristo, na qual se reconhece que o Espírito Santo "não só santifica e conduz o Povo de Deus por meio dos sacramentos e ministérios e o adorna com virtudes", mas "distribui também graças especiais entre os fiéis de todas as classes, as quais os tornam aptos e dispostos a tomar diversas obras e encargos, proveitosos para a renovação e cada vez mais ampla edificação da Igreja".

Por fim, descreve-se o seu caráter pluriforme e providente: "Estes carismas, quer sejam os mais elevados, quer também os mais simples e comuns, devem ser recebidos com ação de graças e consolação, por serem muito acomodados e úteis às necessidades da Igreja".[4] Reflexões semelhantes encontram-se também no Decreto Conciliar sobre o Apostolado dos Leigos, *Apostolicam*

---

[3] LG, n. 4.
[4] Ibidem, n. 12.

Actuositatem.⁵ O mesmo documento afirma que esses dons não devem ser considerados como algo facultativo na vida da Igreja; melhor, "a recepção destes carismas, mesmo dos mais simples, confere a cada um dos fiéis o direito e o dever de os atuar na Igreja e no mundo, para bem dos homens e edificação da Igreja, na liberdade do Espírito Santo".⁶ Por conseguinte, os carismas autênticos são considerados dons de irrenunciável importância para a vida e para a missão eclesial. Por fim, é constante nos ensinamentos conciliares o reconhecimento do papel essencial dos pastores no discernimento dos carismas e do seu exercício dentro da comunidade eclesial.⁷

O Magistério pós-conciliar

10. As intervenções do Magistério sobre este assunto no período a seguir ao Concílio Vaticano II multiplicaram-

---

⁵ AA, n. 3: "O Espírito Santo – que opera a santificação do Povo de Deus por meio do ministério e dos sacramentos – concede também aos fiéis, para exercerem este apostolado, dons particulares (1Cor 12,7), 'distribuindo-os a cada um conforme lhe apraz' (1Cor 12,11), a fim de que 'cada um ponha a serviço dos outros a graça que recebeu' e todos atuem 'como bons administradores da multiforme graça de Deus' (1Pd 4,10), para a edificação, no amor, do corpo todo (Ef 4,1)".

⁶ Idem.

⁷ LG, n. 12: "O juízo acerca da sua autenticidade e reto uso pertence àqueles que presidem na Igreja e aos quais compete de modo especial não extinguir o Espírito mas julgar tudo e conservar o que é bom (1Ts 5,12.19-21)". Apesar de se referir diretamente ao discernimento dos dons extraordinários, quanto se afirma aqui vale, por analogia, para todo e qualquer carisma.

-se.[8] Isto se deve à crescente vitalidade dos novos movimentos, associações de fiéis e comunidades eclesiais, juntamente com a necessidade de mostrar com precisão o lugar da vida consagrada dentro da Igreja.[9] João Paulo II, ao longo do seu magistério, insistiu particularmente no princípio da coessencialidade destes dons: "Repetidas vezes sublinhei que na Igreja não existe contraste nem contradição entre a dimensão institucional e a dimensão carismática, da qual os movimentos são uma expressão importante. Tanto uma como outra são coessenciais na constituição divina da Igreja fundada por Jesus, uma vez que concorrem conjuntamente para tornar presente o mistério de Cristo e a sua obra salvífica no mundo".[10] O Papa Emérito Bento XVI, além de sublinhar a sua coessencialidade, aprofundou a afirmação do seu predecessor, recordando que "tal como na Igreja as instituições essenciais são carismáticas, assim os carismas devem de uma forma ou de outra institucionalizar-se,

---

[8] EN, n. 58: AAS 68 (1976), 46-49; CONGREGAÇÃO PARA OS RELIGIOSOS E OS INSTITUTOS SECULARES – CONGREGAÇÃO PARA OS BISPOS, Notas diretivas *Mutuae relationes* (14 de maio de 1978): ASS 70 (1978), 473-506; CfL: AAS 81 (1989), 393-521; VC: AAS 88 (1996), 377-486.

[9] A afirmação do supracitado documento interdicasterial *Mutuae relationes* é emblemática ao recordar que "seria grave erro tornar independentes – mais grave ainda seria contrapô-las – a vida religiosa e as estruturas eclesiais, como se pudessem subsistir quais duas realidades distintas, carismática uma, institucional a outra; ao passo que ambos os elementos, isto é, os dons espirituais e as estruturas eclesiais, formam uma só, ainda que complexa, realidade" (n. 34).

[10] JOÃO PAULO II, Mensagem aos participantes no Congresso Mundial dos Movimentos Eclesiais, promovido pelo Conselho Pontifício para os Leigos (27 de maio de 1998), n. 5: *Insegnamenti di Giovanni Paolo II*, XXI, 1 (1998), 1065: cf. também Id., Mensagem aos movimentos eclesiais reunidos para o II Colóquio Internacional (2 de março de 1987): *Insegnamenti di Giovanni Paolo II*, X, 1 (1987), 476-479.

para que haja coerência e continuidade. Assim, ambas as dimensões, originárias do Espírito Santo através do Corpo de Cristo, concorrem conjuntamente para tornar presente o mistério e a obra salvífica de Cristo no mundo".[11] Tanto os dons hierárquicos como os carismáticos são, desta forma, reciprocamente relacionados desde a sua origem. Finalmente, o Papa Francisco recordou "a harmonia" que o Espírito estabelece entre os diversos dons e apelou às associações carismáticas para uma abertura missionária, para a obediência aos pastores[12] e para a imanência eclesial, uma vez que "é no âmbito da comunidade que desabrocham e florescem os dons que o Pai nos concede em abundância; e é no seio da comunidade que aprendemos a reconhecê-los como um sinal do seu amor por todos os seus filhos".[13] Portanto, para concluir, é possível reconhecer uma convergência do Magistério eclesial recente sobre a coessencialidade entre os dons hierárquicos e carismáticos. A sua contraposição, bem como a sua justaposição, seria sintoma de uma errada ou insuficiente compreensão da ação do Espírito Santo na vida e na missão da Igreja.

---

[11] BENTO XVI, Discurso aos participantes na Peregrinação promovida pela Fraternidade de Comunhão e Libertação, por ocasião do XXV Aniversário do Reconhecimento Pontifício (24 de março de 2007): *Insegnamenti di Benedetto XVI*, III, 1 (2007), 558.

[12] "O caminhar juntos na Igreja, guiados pelos Pastores – que para isso têm um carisma e ministério especial – é sinal da ação do Espírito Santo; uma característica fundamental para cada cristão, cada comunidade, cada movimento é a eclesialidade": FRANCISCO. Homilia na Solenidade de Pentecostes com os Movimentos, as Novas Comunidades, as Associações e as Agregações laicais (19 de maio de 2013): *Insegnamenti di Francesco*, I, 1, (2013), 208.

[13] FRANCISCO, Audiência geral (1º de outubro de 2014): *L'Osservatore Romano* (2 de outubro de 2014), 8.

Capítulo III

O FUNDAMENTO TEOLÓGICO DA RELAÇÃO ENTRE DONS HIERÁRQUICOS E CARISMÁTICOS

Horizonte trinitário e cristológico dos dons do Espírito Santo

11. Para poder apreender as razões profundas da relação entre dons hierárquicos e carismáticos é oportuno fazer referência ao seu fundamento teológico. Com efeito, a necessidade de superar qualquer tipo de contraposição estéril ou intrínseca justaposição entre dons hierárquicos e carismáticos é exigida pela própria economia da salvação, a qual compreende a relação intrínseca entre as missões do Verbo encarnado e do Espírito Santo. Na realidade, todos os dons do Pai implicam a referência à ação conjunta e diferenciada das missões divinas: todos os dons provêm do Pai, por meio do Filho, no Espírito Santo. O dom do Espírito na Igreja está ligado à missão do Filho, consumada plenamente no seu mistério pascal. O próprio Jesus relaciona o cumprimento da sua missão com o envio do Espírito à comunidade dos crentes.[1] Por isso, o Espírito Santo não pode, seja de que

---

[1] Jo 7,39; 14,26; 15,26; 20,22.

forma for, inaugurar uma economia diversa à do *Logos* divino encarnado, crucificado e ressuscitado.[2] Na verdade, toda a economia sacramental da Igreja é a realização pneumatológica da encarnação; por isso, o Espírito Santo é considerado pela Tradição como a alma da Igreja, Corpo de Cristo. A ação de Deus na história implica sempre a relação entre o Filho e o Espírito Santo, aos quais Irineu de Lyon chama sugestivamente "as duas mãos do Pai".[3] Neste sentido, nenhum dom do Espírito pode deixar de estar em relação com o Verbo feito carne.[4]

A relação originária entre os dons hierárquicos, conferidos pela graça sacramental da Ordem, e os dons carismáticos, livremente distribuídos pelo Espírito Santo, tem, portanto, a sua raiz última na relação entre o *Logos* divino encarnado e o Espírito Santo, que é sempre Espírito do Pai e do Filho. Precisamente para evitar visões teológicas equívocas que requeressem (levassem a) uma "Igreja do Espírito" diversa e separada da Igreja hierárquica-institucional, é oportuno sublinhar que as duas missões divinas se implicam reciprocamente em todos os dons concedidos à Igreja. Na realidade, a missão de Jesus Cristo implica, já por si própria, a ação do Espírito. São João Paulo II, na sua Carta Encíclica sobre o Espírito Santo, *Dominum et Vivificantem*, tinha já mostrado a importância decisiva da

---

[2] CONGREGAÇÃO PARA A DOUTRINA DA FÉ, Declaração *Dominus Iesus* (6 de agosto de 2000), n. 9-12: AAS 92 (2000), 749-754.

[3] IRINEU DE LYON, *Adversus haereses*, IV, 7, 4: PG 7, 992-993; V, 1, 3: PG 7, 1123; V, 6, 1: PG 7, 1137; V, 28, 4: PG 7, 1200.

[4] CONGREGAÇÃO PARA A DOUTRINA DA FÉ, Declaração *Dominus Iesus*, n. 12: AAS 92 (2000), 752-754.

ação do Espírito na missão do Filho.[5] O Papa Emérito Bento XVI aprofundou este pensamento na Exortação Apostólica *Sacramentum Caritatis*, recordando que o Paráclito, "ativo já na criação (Gn 1,2), está presente em plenitude na vida inteira do Verbo encarnado". Jesus Cristo "é concebido no seio da Virgem Maria por obra do Espírito Santo (Mt 1,18; Lc 1,35); no início da sua missão pública, nas margens do Jordão, vê-o descer sobre si em forma de pomba (Mt 3,16 e par.); neste mesmo Espírito, age, fala e exulta (Lc 10,21); e é nele que Jesus pode oferecer-se a si mesmo (Hb 9,14). No chamado 'discurso de despedida' referido por João, Jesus põe claramente em relação o dom da sua vida no mistério pascal com o dom do Espírito aos seus (Jo 16,7). Depois de ressuscitado, trazendo na sua carne os sinais da paixão, pode derramar o Espírito (Jo 20,22), tornando os seus discípulos participantes da mesma missão dele (Jo 20,21). Em seguida, será o Espírito que ensina aos discípulos todas as coisas, recordando-lhes tudo o que Cristo tinha dito (Jo 14,26), porque compete a ele, enquanto Espírito da Verdade (Jo 15,26), introduzir os discípulos na verdade total (Jo 16,13). Segundo narram os Atos, o Espírito desce sobre os apóstolos reunidos em oração com Maria no dia de Pentecostes (2,1-4), e impele-os para a missão de anunciar a Boa-Nova a todos os povos".[6]

---

[5] JOÃO PAULO II, Carta encíclica *Dominum et Vivificantem* (18 de maio de 1986), n. 50: AAS 78 (1986), 869-870; cf. CIgC, n. 727-730.
[6] SCa, n. 12: AAS 99 (2007), 114.

A ação do Espírito Santo nos dons hierárquicos e carismáticos

12. Destacar o horizonte trinitário e cristológico dos dons divinos também ilumina a relação entre dons hierárquicos e carismáticos. Verdadeiramente, nos dons hierárquicos, enquanto ligados ao sacramento da Ordem, surge em primeiro plano a relação com o agir salvífico de Cristo, por exemplo, a instituição da Eucaristia (Lc 22,19s; 1Cor 11,25), o poder de perdoar os pecados (Jo 20,22s), o mandato apostólico com a tarefa de evangelizar e batizar (Mc 16,15s; Mt 28,18-20); ao mesmo tempo, é evidente que nenhum sacramento pode ser conferido sem a ação do Espírito Santo.[7] Por outro lado, os dons carismáticos dispensados pelo Espírito Santo, que "sopra onde quer" (Jo 3,8) e distribui os seus dons "conforme quer" (1Cor 12,11), são objetivamente relacionados com a vida nova em Cristo, uma vez que cada um "individualmente" (1Cor 12,27) é membro do seu Corpo. Portanto, a correta compreensão dos dons carismáticos é feita somente em relação à presença de Cristo e ao seu serviço; tal como afirmou São João Paulo II, "os verdadeiros carismas não podem senão tender para o encontro com Cristo nos sacramentos".[8] Portanto, tanto os dons hierárquicos como os carismáticos aparecem unidos relativamente à relação intrínseca entre Jesus Cristo e o Espírito Santo. O Paráclito é, contemporaneamente, aquele

---

[7] CIgC, n. 1104-1107.
[8] JOÃO PAULO II, Discurso aos membros dos movimentos eclesiais e das novas comunidades na vigília de Pentecostes (30 de maio de 1998), n. 7: *Insegnamenti di Giovanni Paolo II*, XXI, 1 (1998), 1123.

que, através dos sacramentos, difunde eficazmente a graça salvífica ofertada por Cristo morto e ressuscitado, e aquele que dispensa os carismas. Na tradição litúrgica dos cristãos do Oriente, especialmente na siríaca, o lugar do Espírito Santo, representado na imagem do fogo, ajuda a tornar tudo isto muito claro. O grande teólogo e poeta Efrém, o Sírio, afirma com efeito que "o fogo da compaixão desceu e veio habitar no pão",[9] indicando a sua ação transformadora em relação não só aos dons, mas também aos fiéis que comerão o pão eucarístico. A perspetiva oriental, com a eficácia das suas imagens, ajuda-nos a compreender como, ao aproximarmo-nos da Eucaristia, Cristo nos dá o Espírito. O mesmo Espírito, seguidamente, por meio da sua ação nos fiéis, alimenta a vida em Cristo, conduzindo-os novamente a uma mais profunda vida sacramental, sobretudo na Eucaristia. Deste modo, a ação livre da Santíssima Trindade na história alcança para os fiéis o dom da salvação e simultaneamente anima-os, a fim de que eles correspondam livre e plenamente com o compromisso da própria vida.

---

[9] EFRÉM, o Sírio, *Inni sulla fede*, 10, 12: CSCO 154, 50.

CAPÍTULO IV

A RELAÇÃO ENTRE DONS HIERÁRQUICOS E CARISMÁTICOS NA VIDA E NA MISSÃO DA IGREJA

Na Igreja como mistério de comunhão

13. A Igreja apresenta-se como "um povo reunido pela unidade do Pai, do Filho e do Espírito Santo",[1] no qual a relação entre dons hierárquicos e carismáticos tem como fim a plena participação dos fiéis na comunhão e missão evangelizadora. Fomos gratuitamente predestinados em Cristo a esta vida nova (Rm 8,2-31; Ef 1,4-5). O Espírito Santo "realiza esta maravilhosa comunhão entre os fiéis e une-os de tal modo intimamente em Cristo, que se torna o princípio da unidade da Igreja".[2] É, de fato, na Igreja, que os homens são convocados para tornarem-se membros de Cristo,[3] e é na comunhão eclesial que se unem em Cristo,

---

[1] CIPRIANO DE CARTAGO, *De oratione dominica*, 23: PL 4, 553; cf. LG, n. 4.
[2] UR, n. 2.
[3] CONGREGAÇÃO PARA A DOUTRINA DA FÉ, Declaração *Dominus Iesus*, n. 16: AAS 92 (2000), 757: "a plenitude do mistério salvífico de Cristo pertence também à Igreja, unida de modo inseparável ao seu Senhor".

como membros uns dos outros. Comunhão é sempre uma "dupla participação vital: a incorporação dos cristãos na vida de Cristo e a circulação dessa mesma caridade em todo o tecido dos fiéis, neste mundo e no outro. União a Cristo e em Cristo; e união entre os cristãos, na Igreja".[4] Neste sentido, o mistério da Igreja resplandece "em Cristo como um sacramento ou sinal e instrumento da união íntima com Deus e da unidade de todo o gênero humano".[5]

Aqui desponta a raiz sacramental da Igreja como mistério de comunhão: "Trata-se fundamentalmente da comunhão com Deus, por meio de Jesus Cristo, no Espírito Santo. Uma comunhão que vem da Palavra de Deus e dos sacramentos. O Batismo – em estreita unidade com a Confirmação – é a porta e o fundamento da comunhão na Igreja. A Eucaristia é a fonte e ponto culminante de toda a vida cristã".[6] Estes sacramentos da iniciação são constitutivos da vida cristã e sobre eles se apoiam os dons hierárquicos e carismáticos. A vida da comunhão eclesial, assim internamente ordenada, vive na escuta religiosa permanente da Palavra de Deus e é alimentada pelos sacramentos. A própria Palavra de Deus apresenta-se-nos profundamente

---

[4] PAULO VI, Alocução de quarta-feira (8 de junho de 1966): *Insegnamenti di Paolo VI*, IV (1966), 794.

[5] LG, n. 1.

[6] II ASSEMBLEIA GERAL EXTRAORDINÁRIA DO SÍNODO DOS BISPOS, *Ecclesia sub Verbo mysteria Christi celebrans pro salute mundi. Relatio finalis* (7 de dezembro de 1985), II, C, 1: *Enchiridium Vaticanum*, 9, 1800; cf. CONGREGAÇÃO PARA A DOUTRINA DA FÉ, Carta *Communionis notio* (28 de maio de 1992), n. 4-5: AAS 85 (1993), 839-841.

ligada aos sacramentos, em particular à Eucaristia,[7] dentro do único horizonte sacramental da Revelação. A própria tradição oriental vê a Igreja, Corpo de Cristo animado pelo Espírito Santo, como uma unidade ordenada, o que também se expressa no nível dos seus dons. A presença eficaz do Espírito no coração dos crentes (Rm 5,5) é a raiz desta unidade também para as manifestações carismáticas.[8] Os carismas dados às pessoas singulares, de fato, fazem parte da mesma Igreja e são destinados a uma mais intensa vida eclesial. Esta perspetiva surge também nos escritos do Beato John Henry Newman: "Assim, o coração de cada cristão deveria representar em miniatura a Igreja Católica, pois um só Espírito faz a Igreja inteira e faz de cada membro desta o seu Templo".[9] Isto torna ainda mais evidente o motivo pelo qual não são legítimas quaisquer contraposições ou justaposições entre dons hierárquicos e dons carismáticos.

Em síntese, a relação entre os dons carismáticos e a estrutura eclesial sacramental confirma a coessencialidade entre dons hierárquicos – intrisecamente estáveis, permanentes e irrevocáveis – e dons carismáticos. Apesar destes últimos, nas suas formas históricas, não serem garantidos para sempre,[10] a dimensão carismática nunca pode faltar à vida e à missão da Igreja.

---

[7] VD, n. 54: AAS 102 (2010), 733-734; EG, n. 174: AAS 105 (2013), 1092-1093.
[8] BASÍLIO DE CESAREIA, *De Spiritu Sancto*, 26: PG 32, 181.
[9] J. H. NEWMAN, *Sermons Bearing on Subjects of the Day*, London, 1869, 132.
[10] O que se afirma paradigmaticamente para a vida consagrada por João Paulo II na Audiência geral (28 de setembro de 1994), 5: *Insegnamenti di Giovanni Paolo II*, XVII, 2 (1994), 404-405.

Identidade dos dons hierárquicos

14. Em ordem à santificação de cada um dos membros do povo de Deus e à missão da Igreja no mundo, entre os diversos dons, "sobressai a graça dos apóstolos, a cuja autoridade o mesmo Espírito sujeitou também os carismáticos".[11] O próprio Jesus Cristo quis que existissem dons hierárquicos para assegurar a contemporaneidade da sua única mediação salvífica: "Cristo enriqueceu os Apóstolos com a efusão especial do Espírito Santo (cf. At 1,8; 2,4; Jo 20,22-23); os Apóstolos, por sua vez, transmitiram aos seus colaboradores, pela imposição das mãos, este dom do Espírito (cf. 1Tm 4,14; 2Tm 1,6-7)".[12] Por isso, a atribuição dos dons hierárquicos deve ser elevada sobretudo à plenitude do sacramento da Ordem, conferida pela consagração episcopal, que comunica, "juntamente com o múnus de santificar, os ofícios de ensinar e de governar, que, por sua natureza, não podem exercer-se senão em comunhão hierárquica com a cabeça e com os membros do Colégio".[13] Por isso, "na pessoa dos bispos, assistidos pelos presbíteros, está presente no meio dos fiéis o Senhor Jesus Cristo (...); através do seu ministério excelso, ele prega a Palavra de Deus a todos os povos e administra continuamente os sacramentos da fé aos crentes; e, graças ao ofício paternal dos mesmos (cf. 1Cor 4,15), vai incorporando por geração sobrenatural novos membros ao seu corpo; finalmente, pela sabedoria e prudência dos bispos, dirige e orienta o povo do

---

[11] LG, n. 7.
[12] Ibidem, n. 21.
[13] Idem.

Novo Testamento na sua peregrinação para a eterna bem-aventurança".[14] A tradição cristã oriental, tão vivamente ligada aos padres, lê tudo isto na sua peculiar concepção da *taxis*. Segundo Basílio Magno, é evidente que a organização da Igreja é obra do Espírito Santo e até a ordem (*taxis*) em que Paulo elenca os carismas (1Cor 12,28) "está de acordo com a distribuição dos dons do Espírito",[15] indicando como primeiro dentre estes o dos apóstolos. A partir da referência à consagração episcopal, compreendem-se também os dons hierárquicos relacionados com os outros graus da Ordem; antes de mais nada, os dos presbíteros que são "consagrados para pregar o Evangelho, apascentar os fiéis e celebrar o culto divino" e, "sob a autoridade do bispo, santificam e dirigem a porção da grei do Senhor que lhes foi confiada", bem como se tornando, por sua vez, "modelos do povo, governem e estejam a serviço da sua comunidade local".[16] Aos bispos e presbíteros, no sacramento da Ordem, pela unção sacerdotal, são "configurados a Cristo sacerdote, de tal modo que possam agir na pessoa de Cristo cabeça".[17] A esses devem acrescentar-se os dons concedidos aos diáconos, "que receberam a imposição das mãos, não para o sacerdócio, mas para o ministério"; e que "confortados pela graça sacramental, servem o povo de Deus no ministério da liturgia, da Palavra e da caridade, em comunhão com o bispo e o seu presbitério".[18] Em síntese, os dons hierárquicos

---

[14] Idem.
[15] BASÍLIO DE CESAREIA, *De Spiritu Sancto*, 16, 38: PG 32, 137.
[16] LG, n. 28.
[17] PO, n. 2, 3.
[18] LG, n. 29.

próprios do sacramento da Ordem, nos seus vários graus, são concedidos, para que, na Igreja, como comunhão, nunca falte a cada fiel a oferta objetiva da graça nos sacramentos, o anúncio normativo da Palavra de Deus e o cuidado pastoral.

Identidade dos dons carismáticos

15. Se pelo exercício dos dons hierárquicos é assegurada, ao longo da história, a oferta da graça de Cristo a favor de todo o povo de Deus, todos os fiéis são chamados a acolhê-la e a corresponder-lhe pessoalmente nas circunstâncias concretas da própria vida. Os dons carismáticos são, por isso, distribuídos livremente pelo Espírito Santo, para que a graça sacramental produza frutos na vida cristã de modo diversificado e em todos os níveis. Sendo estes carismas "perfeitamente acomodados e úteis às necessidades da Igreja",[19] através da sua riqueza multiforme, o povo de Deus pode viver em plenitude a missão evangelizadora, examinando e interpretando os sinais dos tempos à luz do Evangelho.[20] De fato, os dons carismáticos levam os fiéis a responder, em plena liberdade e de modo adequado aos tempos, ao dom da salvação, fazendo de si próprios um dom de amor para os outros e um testemunho autêntico do Evangelho diante de todos os homens.

---

[19] Ibidem, n. 12.
[20] GS, n. 4, 11.

Os dons carismáticos partilhados

16. Neste contexto é útil lembrar quanto os dons carismáticos podem ser diversos entre si, não só pelas suas características específicas, mas também pela sua extensão na comunhão eclesial. Os dons carismáticos "são dados ao indivíduo, mas também podem ser partilhados por outros e de tal modo perseveram no tempo como uma herança preciosa e viva, que gera uma afinidade espiritual entre as pessoas".[21] A ligação entre o caráter pessoal do carisma e a possibilidade de participação nele exprime um elemento decisivo da sua dinâmica, na medida em que tem a ver com a relação que, na comunidade eclesial, liga sempre a pessoa e a comunidade.[22] Na sua prática, os dons carismáticos podem gerar afinidade, proximidade e parentescos espirituais, através dos quais se pode participar no patrimônio carismático a partir da pessoa do fundador e aprofundá-lo, dando vida a verdadeiras e autênticas famílias espirituais. As agregações eclesiais, nas suas variadas formas, apresentam-se como dons carismáticos partilhados. Movimentos eclesiais e novas comunidades mostram como um determinado carisma originário pode agregar fiéis e ajudá-los a viver plenamente a própria vocação cristã e o próprio estado de vida a serviço da missão eclesial. As formas históricas concretas desta partilha podem em si ser diversificadas, pelo que, a partir de um carisma originário, fundacional, possam surgir várias fundações, como mostra a história da espiritualidade.

---

[21] CfL, n. 24: AAS 81 (1989), 434.
[22] Ibidem, n. 29: AAS 81 (1989), 443-446.

O reconhecimento por parte da autoridade eclesiástica

17. Entre os dons carismáticos livremente distribuídos pelo Espírito, há imensos que, acolhidos e vividos pela pessoa no seio da comunidade cristã, não necessitam de regulamentações particulares. Quando, por outro lado, um dom carismático se apresenta como "carisma originário" ou "fundacional", então ele requer um reconhecimento específico, para que a sua riqueza se articule adequadamente na comunhão eclesial e se transmita fielmente através dos tempos. Aqui surge a tarefa decisiva de discernimento, que pertence à autoridade eclesiástica.[23] Reconhecer a autenticidade do carisma não é uma tarefa sempre fácil, mas é um serviço imprescindível que os pastores devem realizar. Na realidade, os fiéis têm o "direito de ser advertidos pelos pastores sobre a autenticidade dos carismas e sobre a credibilidade dos que se apresentam como seus depositários".[24] Para tal, a autoridade deverá ser consciente da efetiva imprevisibilidade dos carismas suscitados pelo Espírito Santo, valorizando-os de acordo com a regra da fé, tendo em vista a edificação da Igreja.[25] Trata-se de um processo que se alonga no tempo e que requer etapas adequadas à

---

[23] LG, n. 12.
[24] JOÃO PAULO II, Audiência geral (9 de março de 1994), n. 6: *Insegnamenti di Giovanni Paolo II*, XVII, 1 (1994), 641.
[25] CIgC, n. 799s; CONGREGAÇÃO PARA OS RELIGIOSOS E OS INSTITUTOS SECULARES – CONGREGAÇÃO PARA OS BISPOS, Notas diretivas *Mutuae relationes*, n. 51: AAS 70 (1978), 499-500; VC, n. 48: AAS 88 (1996), 421-422; Id., Audiência geral (24 de junho de 1992), n. 6: *Insegnamenti di Giovanni Paolo II*, XV, 1 (1992), 1935-1936.

sua autenticação, passando através de um discernimento sério, até chegar ao reconhecimento eclesial do seu caráter genuíno. A realidade agregadora que brota de um carisma deve ter um tempo oportuno de experimentação e de consolidação, que vá além do entusiasmo inicial, até chegar a uma configuração estável. Ao longo de todo o itinerário de verificação, a autoridade da Igreja deve acompanhar benevolamente a nova realidade agregadora. Trata-se de um acompanhamento por parte dos pastores que nunca deve diminuir, pois nunca diminui a paternidade daqueles que, na Igreja, são chamados a ser vicários do Bom Pastor, cujo amor solícito não deixa nunca de acompanhar o seu rebanho.

Critérios para o discernimento dos dons carismáticos

18. Neste quadro, podem ser retomados alguns critérios para o discernimento dos dons carismáticos em relação às agregações eclesiais, que o Magistério da Igreja pôs em evidência ao longo dos últimos anos. Estes critérios têm o objetivo de contribuir para o reconhecimento de uma autêntica eclesialidade dos carismas.

a) Primado da vocação de cada cristão à santidade. Cada realidade que nasce da participação de um carisma autêntico deve ser sempre instrumento de santidade na Igreja e, consequentemente, de incremento da caridade e de autêntica tensão rumo à perfeição do amor.[26]

---

[26] LG, n. 39-42; CfL, n. 30: AAS 81 (1989), 446.

b) Empenho na difusão missionária do Evangelho. As realidades carismáticas autênticas são "presentes do Espírito integrados no corpo eclesial, atraídos para o centro que é Cristo, de onde são canalizados em um impulso evangelizador".[27] Para tal, devem realizar "a conformidade e a participação na finalidade apostólica da Igreja", manifestando um claro "entusiasmo missionário que as torne, sempre e cada vez mais, sujeitos de uma nova evangelização".[28]

c) Confissão da fé católica. Cada realidade carismática deve ser um lugar de educação para a fé na sua integralidade, "acolhendo e proclamando a verdade sobre Cristo, sobre a Igreja e sobre o homem, em obediência ao Magistério da Igreja que autenticamente a interpreta";[29] portanto, é aconselhável evitar aventurar-se "ultrapassando (*proagon*) a doutrina e a comunidade eclesial"; de fato, se "se deixa de permanecer nelas, não se está unido ao Deus de Jesus Cristo (2Jo 9)".[30]

d) Testemunho de uma comunhão ativa com toda a Igreja. Isto comporta uma "relação filial com o papa, centro perpétuo e visível da unidade da

---

[27] EG, n. 130: AAS 105 (2013), 1074.
[28] CfL, n. 30: AAS 81 (1989), 447; cf. EN, n. 58: AAS 68 (1976), 49.
[29] CfL, n. 30: AAS 81 (1989), 446-447.
[30] FRANCISCO, Homilia na Solenidade de Pentecostes com os Movimentos, as Novas Comunidades, as Associações e as Agregações Laicais (19 de maio de 2013): *Insegnamenti di Francesco*, I, 1 (2013), 208.

Igreja universal, e com o Bispo, 'princípio visível e fundamento da unidade' da Igreja particular".[31] Esta relação implica a "disponibilidade leal em aceitar os seus ensinamentos doutrinais e orientações pastorais",[32] assim como "a disponibilidade em participar nos programas e nas atividades da Igreja, tanto em nível local como nacional ou internacional; o empenhamento catequético e a capacidade pedagógica de formar os cristãos".[33]

e) Reconhecimento e estima da complementaridade recíproca de outras realidades carismáticas na Igreja. Daqui deriva também a disponibilidade para uma colaboração recíproca.[34] De fato, "um sinal claro da autenticidade de um carisma é a sua eclesialidade, a sua capacidade de se integrar harmoniosamente na vida do povo santo de Deus para o bem de todos. Uma verdadeira novidade, suscitada pelo Espírito, não precisa fazer sombra sobre outras espiritualidades e dons, para se afirmar a si mesma".[35]

f) Aceitação dos momentos de prova no discernimento dos carismas. Uma vez que o dom carismático pode possuir "uma dose de novidade de vida espiritual para toda a Igreja, que, em um

---

[31] CfL, n. 30: AAS 81 (1989), 447; cf. EN, n. 58: AAS 68 (1976), 48.
[32] CfL, n. 30: AAS 81 (1989), 447.
[33] Ibidem: AAS 81 (1989), 448.
[34] Ibidem: AAS 81 (1989), 447.
[35] EG, n. 130: AAS 105 (2013), 1074-1075.

primeiro momento, pode aparentar ser incômoda", um critério de autenticidade manifesta-se na "humildade em suportar os contratempos: a relação justa entre carisma genuíno, perspetiva de novidade e sofrimento interior comporta uma constante histórica de ligação entre carisma e cruz".[36] O aparecimento de tensões eventuais exige, por parte de todos, a prática de uma caridade maior, tendo em vista uma comunhão e unidade eclesiais cada vez mais profundas.

g) Presença de frutos espirituais, tais como caridade, alegria, humanidade e paz (Gl 5,22); "viver ainda mais intensamente a vida da Igreja",[37] um zelo mais intenso pela "escuta e meditação da Palavra de Deus";[38] "um gosto renovado pela oração, a contemplação, a vida litúrgica e sacramental; a animação pelo florescimento de vocações ao matrimônio cristão, ao sacerdócio ministerial, à vida consagrada".[39]

h) Dimensão social da evangelização. É necessário reconhecer que, graças ao impulso da caridade,

---

[36] CONGREGAÇÃO PARA OS RELIGIOSOS E OS INSTITUTOS SECULARES – CONGREGAÇÃO PARA OS BISPOS, Notas Diretivas *Mutuae relationes*, n. 12: AAS 70 (1978), 480-481; cf. JOÃO PAULO II, Discurso aos pertencentes aos movimentos eclesiais e às novas comunidades na vigília de Pentecostes (30 de maio de 1998), n. 6; *Insegnamenti di Giovanni Paolo II*, XXI, 1 (1998), 1122.
[37] EN, n. 58: AAS 68 (1976), 48.
[38] Idem; cf. EG, n. 174-175: AAS 105 (2013), 1092-1093.
[39] CfL, n. 30: AAS 81 (1989), 448.

"o querigma possui um conteúdo inevitavelmente social: no próprio coração do Evangelho, aparece a vida comunitária e o compromisso com os outros".[40] Neste critério de discernimento, referido não exclusivamente às realidades laicais na Igreja, sublinha-se a necessidade de ser "correntes vivas de participação e de solidariedade para construir condições mais justas e fraternas no seio da sociedade".[41] Neste âmbito, são significativos "o impulso em ordem a uma presença cristã nos vários ambientes da vida social e a criação e animação de obras caritativas, culturais e espirituais; o espírito de desapego e de pobreza evangélica em ordem a uma caridade mais generosa para com todos".[42] É também decisiva a referência à Doutrina Social da Igreja.[43] Em particular, "deriva da nossa fé em Cristo que se fez pobre e sempre se aproximou dos pobres e marginalizados, a preocupação pelo desenvolvimento integral dos mais abandonados da sociedade",[44] que não pode faltar em uma realidade eclesial autêntica.

---

[40] EG, n. 177: AAS 105 (2013), 1094.
[41] CfL, n. 30: AAS 81 (1989), 448.
[42] Idem.
[43] EG, n. 184, 221: AAS 105 (2013), 1097, 1110-1111.
[44] Ibidem, n. 186: AAS 105 (2013), 1098.

Capítulo V

PRÁTICA ECLESIAL DA RELAÇÃO ENTRE DONS HIERÁRQUICOS E DONS CARISMÁTICOS

19. Por fim, é necessário tratar alguns elementos da prática eclesial concreta no que diz respeito à relação entre dons hierárquicos e carismáticos que se configuram como agregações carismáticas no seio da comunhão eclesial.

Referência recíproca

20. Antes de mais nada, a prática da boa relação entre os vários dons na Igreja exige uma inserção ativa das realidades carismáticas na vida pastoral das Igrejas particulares. Isto implica, sobretudo, que as diversas agregações reconheçam a autoridade dos pastores na Igreja como uma realidade interna da própria vida cristã, desejando sinceramente ser reconhecidas, acolhidas e eventualmente purificadas, colocando-se a serviço da missão eclesial. Por outro lado, os que foram investidos dos dons hierárquicos, levando a cabo o discernimento e o acompanhamento dos carismas, devem acolher cordialmente o que o Espírito suscita no seio da comunhão eclesial, tendo-o em conta na ação pastoral e valorizando o seu contributo como uma autêntica riqueza para o bem de todos.

Os dons carismáticos
na Igreja universal e particular

21. Relativamente à difusão e à particularidade das realidades carismáticas, deve-se ter em conta a relação imprescindível e constitutiva entre Igreja universal e Igrejas particulares. A este propósito, é oportuno sublinhar que a Igreja de Cristo, como professamos no Símbolo dos Apóstolos, "é a Igreja universal, ou seja, a comunidade universal dos discípulos do Senhor, que se torna presente e operante na particularidade e diversidade das pessoas, grupos, tempos e lugares".[1] A dimensão particular é, portanto, intrínseca à universal e vice-versa; de fato, entre Igrejas particulares e Igreja universal existe uma relação de "mútua interioridade".[2] Os dons hierárquicos próprios do sucessor de Pedro exercitam-se, neste contexto, ao garantir e favorecer a imanência da Igreja universal nas Igrejas locais; assim como a tarefa apostólica de cada bispo não se limita à própria diocese, mas deve fluir para toda a Igreja, através da colegialidade ativa e efetiva, sobretudo através da comunhão com aquele *centrum unitatis Ecclesiae* que é o Romano Pontífice. Este, de fato, enquanto "sucessor de Pedro, é o princípio e o fundamento perpétuo e visível da unidade, quer dos bispos, quer da multidão dos fiéis. Por sua vez, cada bispo é o princípio e o fundamento visível da unidade na sua Igreja particular, formada à imagem da Igreja universal: nas quais e a partir das quais resulta a

---

[1] CONGREGAÇÃO PARA A DOUTRINA DA FÉ, Carta *Communionis notio*, n. 7: AAS 85 (1993), 842.
[2] Ibidem, n. 9: AAS 85 (1993), 843.

Igreja Católica una e única".[3] Isto implica que em cada Igreja particular "está e opera verdadeiramente a Igreja de Cristo, una, santa, católica e apostólica".[4] Por isso, a referência à autoridade do sucessor de Pedro – a comunhão *cum Petro et sub Petro* – é constitutiva de cada Igreja local.[5]

Deste modo, estão colocadas as bases para relacionar dons hierárquicos e carismáticos dentro da relação entre Igreja universal e Igrejas particulares. Com efeito, por um lado, os dons carismáticos são dados a toda a Igreja; por outro, a dinâmica destes dons não se pode realizar sem ser a serviço de uma diocese concreta, a qual é "a porção do povo de Deus, que se confia aos cuidados pastorais de um bispo, coadjuvado pelo seu presbitério".[6] A este propósito, pode ser útil lembrar o caso da vida consagrada; esta, de fato, não é uma realidade externa ou independente da vida da Igreja local, mas constitui um modo peculiar, marcado pela radicalidade evangélica, de estar presente no seu seio, com os seus dons específicos. O privilégio tradicional de "isenção" concedido a muitos institutos de vida consagrada[7] tem como significado não uma supralocalidade desencarnada ou uma autonomia mal-entendida, mas sim uma interação mais profunda entre as dimensões universal e particular da

---

[3] LG, n. 23.
[4] CD, n. 11.
[5] Ibidem, n. 2; CONGREGAÇÃO PARA A DOUTRINA DA FÉ, Carta *Communionis notio*, n. 13-14, 16: AAS 85(1993), 846-848.
[6] CD, n. 11.
[7] Ibidem, n. 35; CIC, cân. 591; CCEO, cân. 412, § 2; CONGREGAÇÃO PARA OS RELIGIOSOS E OS INSTITUTOS SECULARES – CONGREGAÇÃO PARA OS BISPOS, Notas Diretivas *Mutuae relationes*, n. 22: AAS 70 (1978), 487.

Igreja.[8] Analogamente, as novas realidades carismáticas, sempre que possuírem caráter supradiocesano, não deverão conceber a si próprias de modo totalmente autônomo no que diz respeito à Igreja particular. Pelo contrário, devem enriquecê-la e servi-la por força das próprias peculiaridades partilhadas para além dos confins de uma diocese singular.

Os dons carismáticos e os estados de vida do cristão

22. Os dons carismáticos dispensados pelo Espírito Santo podem ser vistos em relação a toda a ordem da comunhão eclesial, tanto em referência aos sacramentos como à Palavra de Deus. De acordo com as suas variadas peculiaridades, eles permitem que se dê muito fruto na realização daquelas tarefas que emanam do Batismo, do Crisma, do Matrimônio e da Ordem, assim como possibilitam uma maior compreensão espiritual da Tradição apostólica, a qual, para além do estudo e da pregação dos que receberam o *charisma veritatis certum*,[9] pode ser aprofundada com "a íntima inteligência que experimentam das coisas espirituais".[10] Nesta perspetiva, é útil enumerar as questões fundamentais relativas às ligações entre dons carismáticos e os diferentes estados de vida, com uma referência particular ao sacerdócio comum do povo de Deus e ao sacerdócio hierárquico, os quais, "apesar de diferirem

---

[8] CONGREGAÇÃO PARA A DOUTRINA DA FÉ, Carta *Communionis notio*, n. 15: AAS 85 (1993), 847.
[9] DV, n. 8; CIgC, n. 888-892.
[10] DV, n. 8.

entre si essencialmente e não apenas em grau, ordenam-se um para o outro; de fato, ambos participam, cada qual a seu modo, do sacerdócio único de Cristo".[11] Na verdade, trata-se de "dois modos de participação no único sacerdócio de Cristo, no qual estão presentes duas dimensões, que se unem no ato supremo do sacrifício da cruz".[12]

    a) Em primeiro lugar, é necessário reconhecer a bondade dos diversos carismas que estão na origem de agregações eclesiais entre todos os fiéis, chamados a fazer frutificar a graça sacramental, sob a guia dos pastores legítimos. Esses dons representam uma possibilidade autêntica para viver e desenvolver a própria vocação cristã.[13] Esses dons carismáticos permitem aos fiéis viver na existência cotidiana o sacerdócio comum do povo de Deus: como "discípulos de Cristo, perseverando juntos na oração e no louvor de Deus (At 2,42-47), ofereçam a si mesmos como hóstia viva, santa, agradável a Deus (Rm 1,1); deem testemunho de Cristo em toda parte; e, àqueles que por isso se interessarem, falem da esperança, que está neles, da vida eterna (1Pd 3,15)".[14] Nesta linha colocam-se também as agregações eclesiais que podem ser particularmente significativas para a vida cristã no matrimônio, as quais podem

---

[11] LG, n. 10.
[12] PG, n. 10: AAS 96 (2004), 838.
[13] CfL, n. 29: AAS 81 (1989), 443-446.
[14] LG, n. 10.

validamente "fortalecer com a doutrina e a ação os jovens e os próprios esposos, especialmente os recém-casados, e formá-los para a vida familiar, social e apostólica".[15]

b) Também os ministros ordenados, na participação em uma realidade carismática, poderão encontrar quer um apelo ao sentido do próprio Batismo, com o qual se tornaram filhos de Deus, quer a sua vocação e missão específica. Um fiel ordenado poderá encontrar, em determinada agregação eclesial, força e ajuda para viver a fundo o que lhe é pedido pelo seu ministério específico, quer perante todo o povo de Deus, e em particular a porção que lhe está confiada, quer no que diz respeito à obediência sincera devida ao próprio ordinário.[16] Pode-se afirmar o mesmo no que diz respeito aos casos de candidatos ao sacerdócio que provenham de uma determinada agregação eclesial, como afirmado na Exortação pós-sinodal *Pastores Dabo Vobis*.[17] Essa ligação deverá exprimir-se na docilidade ativa à própria formação específica, na qual se deverá inserir a riqueza proveniente do carisma de referência. Por fim, a ajuda pastoral que o sacerdote poderá oferecer à agregação eclesial, de acordo com as características do próprio movimento, poderá

---

[15] GS, n. 52; cf. FC, n. 72: AAS 74 (1982), 169-170.
[16] PDV, n. 68: AAS 84 (1992), 777.
[17] Ibidem, n. 31, 68: AAS 84 (1992), 708-709, 775-777.

realizar-se na observância do regime previsto na comunhão eclesial para a Ordem sagrada, no que diz respeito à incardinação[18] e à obediência devida ao próprio ordinário.[19]

c) O contributo de um dom carismático ao sacerdócio batismal e ao sacerdócio ministerial é expresso emblematicamente pela vida consagrada, que, como tal, se situa na dimensão carismática da Igreja.[20] Um carisma que realiza "a conformação especial a Cristo virgem, pobre e obediente"[21] como forma de vida estável,[22] mediante a profissão dos conselhos evangélicos, é concedido para "conseguir fruto mais abundante da graça batismal".[23] A espiritualidade dos institutos de vida consagrada pode tornar-se, tanto para o fiel leigo como para o presbítero, um auxílio para viver a própria vocação. Além disso, não é raro que membros de vida consagrada, com a necessária anuência do respectivo superior,[24] encontrem na relação com as novas agregações um apoio importante para viver a própria vocação específica

---

[18] CIC, cân. 265; CCEO, cân. 357, § 1.
[19] CIC, can. 273; CCEO, cân. 370.
[20] CONGREGAÇÃO PARA OS RELIGIOSOS E OS INSTITUTOS SECULARES – CONGREGAÇÃO PARA OS BISPOS, Notas diretivas *Mutuae relationes*, n. 19, 34: AAS 70 (1978), 485-486, 493.
[21] VC, n. 31: AAS 88 (1996), 404-405.
[22] LG, n. 43.
[23] Ibidem, n. 44; cf. PC, n. 5; VC, n. 14, 30: AAS 88 (1996), 387-388, 403-404.
[24] CIC, cân. 307, § 3; CCEO, cân. 578, § 3.

e oferecer, por seu lado, um "testemunho gozoso, fiel e carismático da vida consagrada", permitindo assim um "enriquecimento recíproco".[25]

d) Por fim, é significativo que o espírito dos conselhos evangélicos seja recomendado pelo Magistério também a cada ministro ordenado.[26] Inclusive o celibato, pedido aos presbíteros na venerável tradição latina,[27] insere-se claramente na linha do dom carismático. Não se trata de uma realidade primariamente funcional, mas "constitui uma especial conformação ao estilo de vida do próprio Cristo",[28] em que se realiza a plena entrega pessoal, tendo em vista a missão conferida mediante o sacramento da Ordem.[29]

Formas de reconhecimento eclesial

23. O presente documento pretende esclarecer a colocação teológica e eclesiológica das novas agregações eclesiais, a partir da relação entre dons hierárquicos e dons carismáticos, de modo a favorecer a identificação concreta das modalidades mais adequadas para o reconhecimento eclesial destes últimos. O *Código de Direito Canônico*

---

[25] CONGREGAÇÃO PARA OS INSTITUTOS DE VIDA CONSAGRADA E SOCIEDADES DE VIDA APOSTÓLICA, Instrução *Partir de Cristo* (19 de maio de 2002), n. 30: *Enchiridion Vaticanum*, 21, 472.
[26] PDV, n. 27-30: AAS 84 (1992), 700-707.
[27] SCoe: AAS 59 (1967), 657-697.
[28] SCa, n. 24: AAS 99 (2007), 124.
[29] PDV, n. 29: AAS 84 (1992), 703-705; PO, n. 16.

atual prevê diversas formas jurídicas de reconhecimento das novas realidades eclesiais que se baseiam em dons carismáticos. Essas formas deverão ser consideradas atentamente,[30] evitando situações que não tenham em adequada consideração nem os princípios fundamentais do direito nem a natureza e a peculiaridade das diversas realidades carismáticas.

Do ponto de vista da relação entre dons hierárquicos e carismáticos, é necessário respeitar dois critérios fundamentais que devem ser considerados inseparavelmente: *a)* O respeito pela peculiaridade carismática de cada agregação eclesial, evitando formas jurídicas forçadas que anulem a novidade trazida pela experiência específica. Deste modo, evitar-se-á que os vários carismas possam ser considerados como dotes indiferenciados dentro da Igreja; *b)* O respeito do regime eclesial fundamental, favorecendo a inserção real dos dons carismáticos na vida da Igreja universal e particular, evitando que a realidade carismática seja concebida paralelamente à vida eclesial e sem uma referência ordenada aos dons hierárquicos.

---

[30] A forma jurídica mais simples para o reconhecimento das realidades eclesiais de natureza carismática é ainda hoje a da Associação privada de fiéis (CIC, cân. 321-326; CCEO, cân. 573, § 2 - 583). No entanto, devem considerar-se atentamente também outras formas jurídicas com as suas características específicas próprias, como, por exemplo, as Associações públicas de fiéis (CIC, cân. 312-320; CCEO, cân. 573, § 1 - 583), as Associações de fiéis "clericais" (CIC, cân. 302), os Institutos de vida consagrada (CIC, cân. 573-730; CCEO, cân. 410-571), as Sociedades de vida apostólica (CIC, cân. 731-746; CCEO, cân. 572) e as Prelaturas pessoais (CIC, cân. 294-297).

CONCLUSÃO

24. Atendendo à efusão do Espírito Santo, os primeiros discípulos eram assíduos e concordes na oração, juntamente com Maria, a mãe de Jesus (At 1,14). Ela foi perfeita em acolher e fazer frutificar as graças singulares com as quais tinha sido enriquecida de forma superabundante pela Santíssima Trindade, em que a primeira entre todas foi a graça de ser Mãe de Deus. Todos os filhos da Igreja podem admirar a sua plena docilidade à ação do Espírito Santo: docilidade na fé, sem rupturas, e em humildade cristalina. Assim, Maria testemunha em plenitude o acolhimento obediente e fiel de cada dom do Espírito. Mais ainda, como ensina o Concílio Vaticano II, a Virgem Maria "com seu amor de Mãe, cuida dos irmãos de seu Filho, que ainda peregrinam e se debatem entre perigos e angústias, até que sejam conduzidos à Pátria feliz".[31] Uma vez que ela "se deixou conduzir pelo Espírito, através de um itinerário de fé, rumo a uma destinação feita de serviço e fecundidade", também nós, "hoje, fixamos nela o nosso olhar, para que nos ajude a anunciar a todos a mensagem de salvação e para que os novos discípulos se tornem operosos evangelizadores".[32]

Por este motivo, Maria é reconhecida como Mãe da Igreja, e nós recorremos a ela, cheios de confiança, para que,

---

[31] LG, n. 62.
[32] EG, n. 287: AAS 105 (2013), 1136.

com a sua ajuda eficaz e com a sua potente intercessão, os carismas abundantemente distribuídos pelo Espírito Santo entre os fiéis sejam por estes acolhidos com docilidade e produzam fruto para a vida e a missão da Igreja e para o bem do mundo.

O Sumo Pontífice Francisco, na Audiência concedida no dia 14 de março de 2016 ao Cardeal Prefeito da Congregação para a Doutrina da Fé, aprovou a presente Carta, decidida na Sessão Plenária deste Dicastério, e ordenou a sua publicação.

Dado em Roma, na Sede da Congregação para a Doutrina da Fé, em 15 de maio de 2016, Solenidade de Pentecostes.

GERHARD CARD. MÜLLER
Prefeito

† LUIS F. LADARIA, S.I.
Arcebispo Titular de Thibica
Secretário

SUMÁRIO

Siglas 3

Introdução 5

I. Os carismas segundo o Novo Testamento 11

II. A relação entre dons hierárquicos e carismáticos
no Magistério recente 19

III. O fundamento teológico da relação
entre dons hierárquicos e carismáticos 25

IV. A relação entre dons hierárquicos e carismáticos
na vida e na missão da Igreja 31

V. Prática eclesial da relação entre dons hierárquicos
e dons carismáticos 45

Conclusão 54